글쓴이 이자벨 블로다르치크

러시아어, 철학, 현대 문학을 오랫동안 공부한 뒤, 프랑스 몽펠리에서 학생들에게 연극과 프랑스어를 가르쳤어요. 청소년 때부터 소설을 썼고, 동시를 쓰기도 했어요. 지금은 어린이들을 위한 글쓰기에 전념하고 있어요. 쓴 책으로 『곰의 아들』이 있어요.

그린이 마르조리 베알

프랑스 보르도에서 살며 글도 쓰고 그림도 그려요. 자신이 받는 영감과 설명할 이야기에 따라 그래픽, 콜라주, 드로잉 등 다양한 기법으로 다채로운 그림을 그리고 있답니다. 그린 책으로 『어린이가 알아야 할 음식 이야기』 『바다가 까매졌어요』 등이 있어요.

옮긴이 권지현

고등학교를 졸업할 무렵부터 번역가의 꿈을 키웠어요. 그래서 서울과 파리에서 번역을 전문으로 가르치는 학교에 다녔고, 학교를 졸업한 뒤에는 번역을 하면서 번역가가 되고 싶은 학생들을 가르치고 있어요. 그동안 옮긴 책으로는 〈보통의 호기심〉 〈꼬마 중장비 친구들〉 시리즈와 『세계사 추리 게임』 『산으로 올라간 백만 개의 굴』 『오늘의 식탁에 초대합니다』 『펜으로 만든 괴물』 『버섯 팬클럽』 『거짓말』 『아나톨의 작은 냄비』 등이 있어요.

보통의 호기심 5

세상이 보이는 신발 이야기

이자벨 볼로다르치크 글　마르조리 베알 그림　권지현 옮김

씨드북

우리는 소나기가 내리면 장화를 신고, 뜨거운 모래사장을 걸을 때 샌들을 신어요.
신발을 신으면 발이 더러워지지 않아요. 날이 궂어도, 울퉁불퉁한 바닥을 디뎌도,
신발 덕분에 발을 보호할 수 있어요.
신발은 가죽, 천, 황금, 파피루스 등 다양한 재료로 만들어 왔어요.
신발의 종류도 장화, 구두, 운동화, 샌들, 슬리퍼 등 수없이 많지요.
이처럼 다양한 신발에는 우리의 취향과 생활 방식, 문화가
담겨 있어요.

요술 장화나 유리 구두는 신비한 마법의 힘까지
가지고 있지요.

중국 베이징 근처 유적에서 4만 년 전에 땅에 묻힌 사람의 뼈가 발견되었어요.
과학자들은 발뼈의 모양만 보고 그때 사람들이 이미 신발을 신었다는 사실을 알아냈지요.
에스파냐에서 발견된 동굴 벽화는 1만 3000년 전에 그려졌는데,
그 그림에는 장화처럼 생긴 신발을 신은 사람들이 표현되어 있어요.

아르메니아의 한 동굴에서는 가죽 신발이 발견되었어요.
이 신발은 5500년 전에 만들어져, 세계에서 가장 오래되었다고 해요.

고대 이집트 사람들에게 신발은 권력의 상징이었어요.
이집트의 왕 파라오들은 황금을 입힌 샌들을 신었고,
높은 자리에 있는 관리와 성직자들은 일반 샌들을 신었어요.
그리고 백성들은 맨발로 다녔지요.

중세에는 아주 사치스러운 구두가 등장했어요.
굽이 납작하고 끝이 뾰족한 '풀렌'이라는 구두였어요.
풀렌은 앞코가 길고 위로 솟아 있었는데, 앞부분 길이가 50센티미터나 되기도 했어요.
부자일수록 구두가 길었지요. 구두가 얼마나 긴지 걷기도 힘들었어요.
그래서 금이나 은 사슬로 무릎에 구두 끝을 묶고 다녔어요.

스위스와 합스부르크 왕가(오스트리아)는 1386년에 전쟁을 벌였어요.
이때 레오폴트 3세의 군인들은 스위스군을 물리치려고
풀렌의 긴 앞코를 잘라 내기까지 했지요.

태양왕 루이 14세가 다스리던 프랑스에서는 궁의 관리들만
빨간 굽이 달린 구두를 신을 수 있었어요.
버클과 보석으로 장식된 이 구두를 신으면 왕궁에 자유롭게 출입할 수 있었지요.
그래서 그 구두를 신고 싶어 하는 사람이 아주 많았어요.

신발은 여러 나라에서 왕관이나 왕홀(왕의 상징적인 지휘봉)처럼
왕권을 상징하는 물건이었어요.

미얀마에서는 전설의 새 '힌타' 모양으로 만든 황금 신발이
왕을 상징하는 다섯 개의 물건 중 하나였어요.

아프리카의 다호메이 왕국(오늘날의 베냉 지역)에서는 진주로 만든 샌들이
왕권을 상징하는 첫 번째 물건이었어요. 왕은 절대 맨발로 땅을 밟지 않았지요.
19세기에 왕이었던 아단도잔은 왕위를 빼앗길 때 진주 샌들도 함께 빼앗겼어요.

이처럼 남자들은 자신의 권력을 과시하려고 신발을 신었어요.
그런데 여자들에게는 복종의 뜻으로 신발을 신게 했지요.

10세기에 중국 황제는 후궁의 발을 흰 비단으로 감싸서 발이 못 자라게 했어요.
작은 발로 연꽃 위에서 춤추게 하려고요.
이것은 '전족'이라는 풍습이 되어 1000년 동안 중국 여자들에게 고통을 안겼어요.
발 길이가 9센티미터가 되어야 완벽한 발이라고 칭찬받았거든요.
그런 발을 '황금 연꽃'이라고 불렀대요.
하지만 전족은 끔찍한 고문이었어요.
발을 꽁꽁 싸매다가 목숨까지 잃는 일도 생겼지요.

동로마 제국의 남자들도 여자의 작은 발을 좋아했어요.
11세기까지 발 모양과 크기를 보고 황후를 고를 정도였으니까요.
황후로 뽑힌 여자는 진주로 장식한 자주색 구두를 받았어요.

신발을 종교적 상징으로 여겼던 곳도 있어요.
신발이 몸을 보호해 준다는 믿음이 있었던 거예요.
드넓은 평원에 살던 아메리카 원주민들은 회색곰 발로 만든
가죽신을 신어서 곰의 정령과 만나려 했어요.

오스트레일리아 북부에 살던 원주민들은 에뮤 가죽, 사람 머리카락, 짐승 털,
때로는 사람 피로 만든 '쿠르다이차'라는 신발을 신었어요.
이 신발은 딱 하루만 신을 수 있었고, 신고 걸어도 땅에 아무런 자국을 남기지 않았다고 해요.
사람들은 그 신발을 신성한 장소에 감추어 두었어요.
신발을 신기 전에는 비밀스러운 의식이 이루어졌지요.

사하라 사막에 사는 투아레그족은 결혼식을 일주일 동안 열어요.
첫날밤, 새신랑은 천막에서 아내를 기다리지요. 새신부는 붉은색 가죽으로 만든
전통 샌들 '이라티멘'을 다른 사람에게 주어야만 남편을 만나러 갈 수 있어요.
이 신발은 니제르에서 만든다고 해요.
이 풍습은 전통 놀이이기도 하지만 결혼 계약이기도 해요.

직업에 따라 신어야 할 신발이 정해지기도 했어요.
고대 그리스·로마 극장에서는 배우들이 '코투르누스'라는 반장화를 신고
연극을 했어요.
신발에 두꺼운 밑창을 대서 배우의 키가 커 보이는 효과를 냈지요.
영웅이나 신을 연기할 때 필요한 장치였어요.

일본의 전통 신발은 '게타'라고 해요.
신는 사람의 재산이 얼마나 많은지,
또 무슨 일을 하는지에 따라 모양이 달랐어요.
논에서 일하는 농부들은 신발 바닥에 금속 날을 박았어요.
금속 날은 물이 많은 논에서 균형을 잃지 않게 했고,
밖으로 나왔을 때는 벼를 자르는 역할도 했어요.

오늘날에는 모두가 비슷한 신발을 신어요.
19세기 말에 미국에서 등장한 운동화는 운동선수,
그중에서도 농구 선수들이 주로 신었어요.
농구화를 신으면 고무로 만든 밑창 덕분에
더 편하게 움직일 수 있고, 발에 땀이 덜 나니까요.
농구화는 빠르게 유행이 됐고,
지금도 전 세계에서 많은 사람이
신고 있지요.

운동화는 자신의 주장을 알리기 위한 도구가 되기도 했어요.
1968년 멕시코시티 올림픽 때 얘기예요.
미국의 흑인 육상 선수 토미 스미스와 존 카를로스는 200미터 달리기에서
각각 금메달과 동메달을 차지했어요. 두 선수는 아프리카계 미국인, 나아가 모든 인종의 미국 시민에게
백인과 동등한 권리를 달라는 시민운동에 참여하고 있었어요.
그들은 시상대에 올라가 검은 장갑을 낀 주먹을 들어 올렸고,
신발을 벗어서 검은 양말을 보여 주었어요. 그 양말은 흑인들의 가난을 상징했지요.
'푸마'라는 신발 브랜드 로고는 인종 차별 반대 운동을 벌이던 '블랙 팬서(흑표당)'를 연상시켰어요.
이 단체는 흑인 저항의 상징이 되었어요.

미래의 신발은 우리에게 필요한 것,
그리고 우리가 원하는 것이 더 많이 반영되어 만들어질 거예요.
인공 지능 기술이 적용되어 신발에 부착된 센서는
우리가 느끼는 통증이나 부상까지 감지할 수 있을 거예요.
신으면 발 모양에 맞게 자동으로 끈이 적당히 조여지는
농구화가 이미 판매 중이에요.
미래의 신발은 발바닥을 편하게 해 주는 기능을 넘어서
훨씬 더 다양한 기능을 갖출 거예요.

그렇다면 요술 장화는 언제 나올까요?
한번 상상해 봐요!

세상이 보이는 신발 이야기

초판 인쇄 2022년 3월 7일 **초판 발행** 2022년 3월 7일
글쓴이 이자벨 블로다르치크 **그린이** 마르조리 베알 **옮긴이** 권지현
펴낸이 남영하 **편집** 김주연 이신아 **디자인** 박규리 **마케팅** 김영호
펴낸곳 ㈜씨드북 **등록 번호** 제2012-000402호 **주소** 03149 서울시 종로구 인사동7길 33 남도빌딩 3F **전화** 02) 739-1666 **팩스** 0303) 0947-4884
홈페이지 www.seedbook.co.kr **전자우편** seedbook009@naver.com **인스타그램** instagram.com/seedbook_publisher
ISBN 979-11-6051-436-0 (77300) 세트 979-11-6051-165-9

CHAUSSURES
by Isabelle Wlodarczyk and illustrated by Marjorie Béal
Copyright © KILOWATT éditions, Paris, 2020
Korean Translation Copyright © Seedbook Co., Ltd, 2022
All rights reserved.
This Korean edition was published by arrangement with
KILOWATT éditions (Paris)
through Bestun Korea Agency Co., Seoul.

이 책의 한국어판 저작권은 베스툰 코리아 에이전시를 통해 저작권자와 독점 계약을 맺은 ㈜씨드북에 있습니다.
저작권법에 의해 한국 내에서 보호를 받는 저작물이므로 무단 전재와 무단 복제를 금합니다.

제조국명: 대한민국 | **사용연령:** 6세 이상
KC마크는 이 제품이 공통안전기준에 적합하였음을 의미합니다.
종이에 베이지 않게 주의하세요.

• 책값은 뒤표지에 있어요. • 잘못 만들어진 책은 구입하신 서점에서 바꾸어 드려요. • 씨드북은 독자들을 생각하며 책을 만들어요.

보통의 호기심 시리즈 (전 5권)

다양한 것들의 역사와 문화를 어린이 눈높이에서
쉽고 재미있게 알려 주는 인문 그림책 시리즈입니다.